DAG VAN DE DODEN
SCHATTIGE 2
SCHEDELS 2

ANTI-STRESS KLEURBOEK
GETEKEND DOOR ANTONY BRIGGS

DIT BOEK IS EIGENDOM VAN:

□ □

INGEWIKKELD
KLEUREN

VERTAALD DOOR: VOLWASSENENKLEURENOOK.NL
BEZOEK ONZE WEBSITE VOOR MEER INFORMATIE:

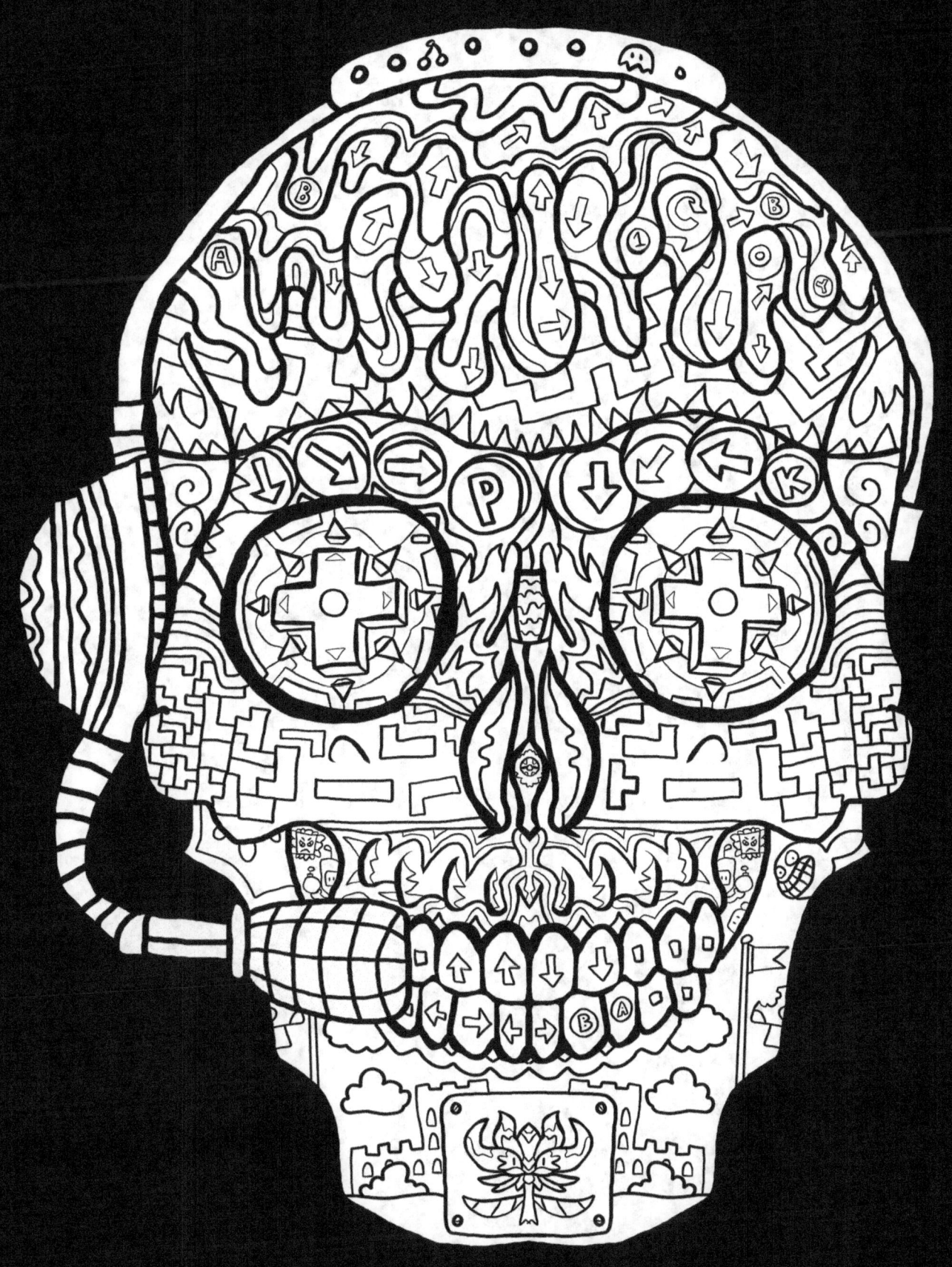

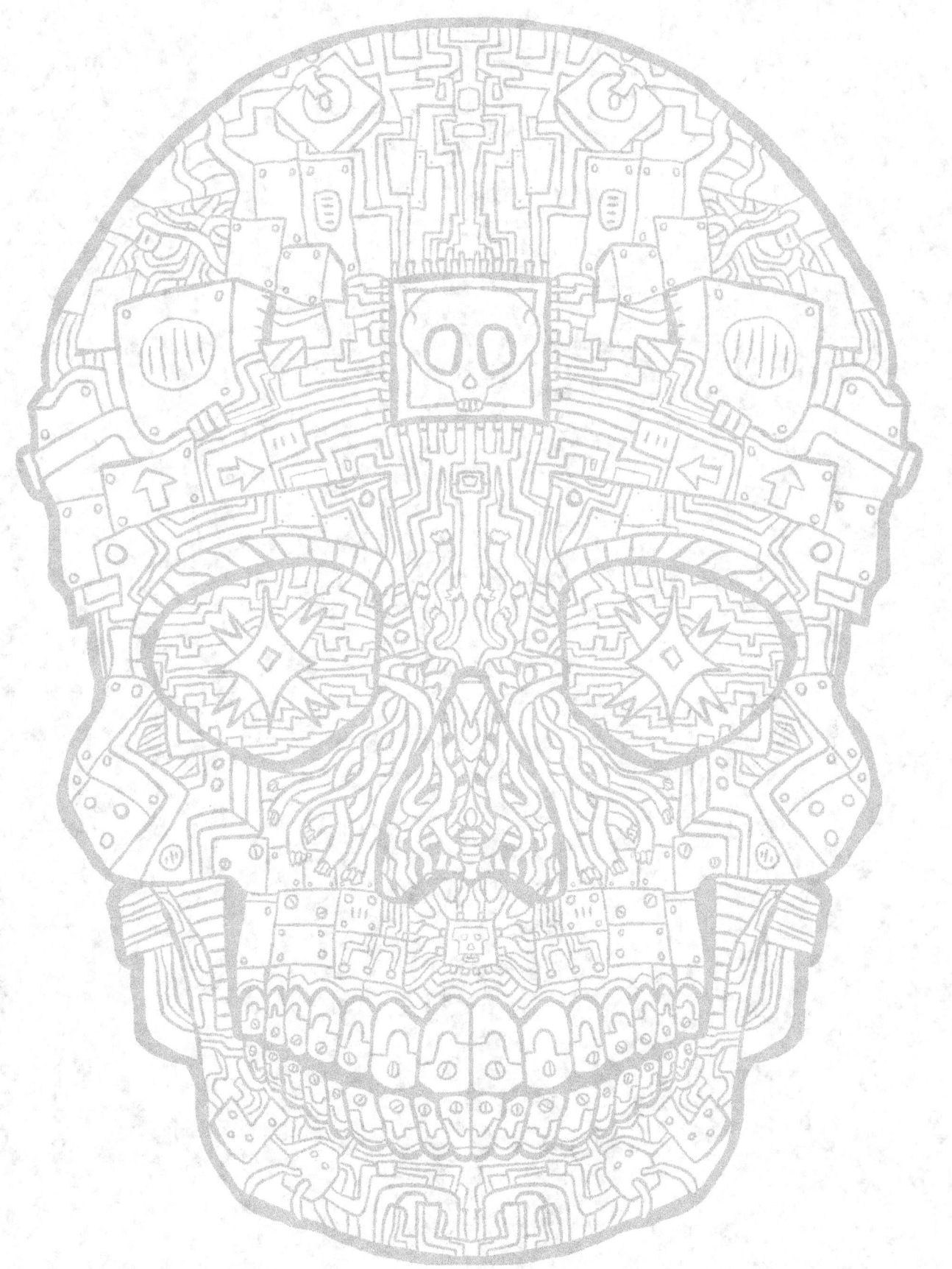

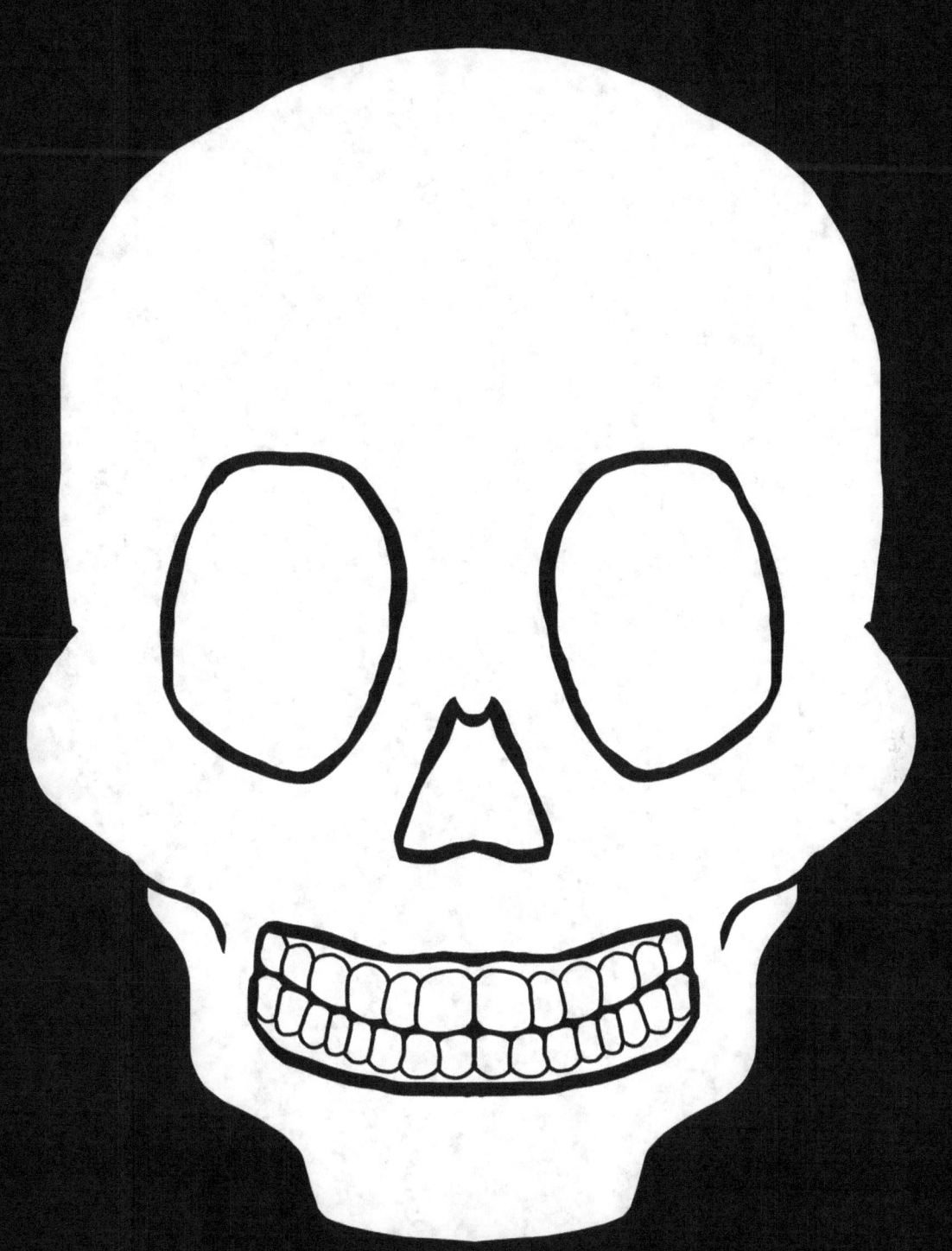

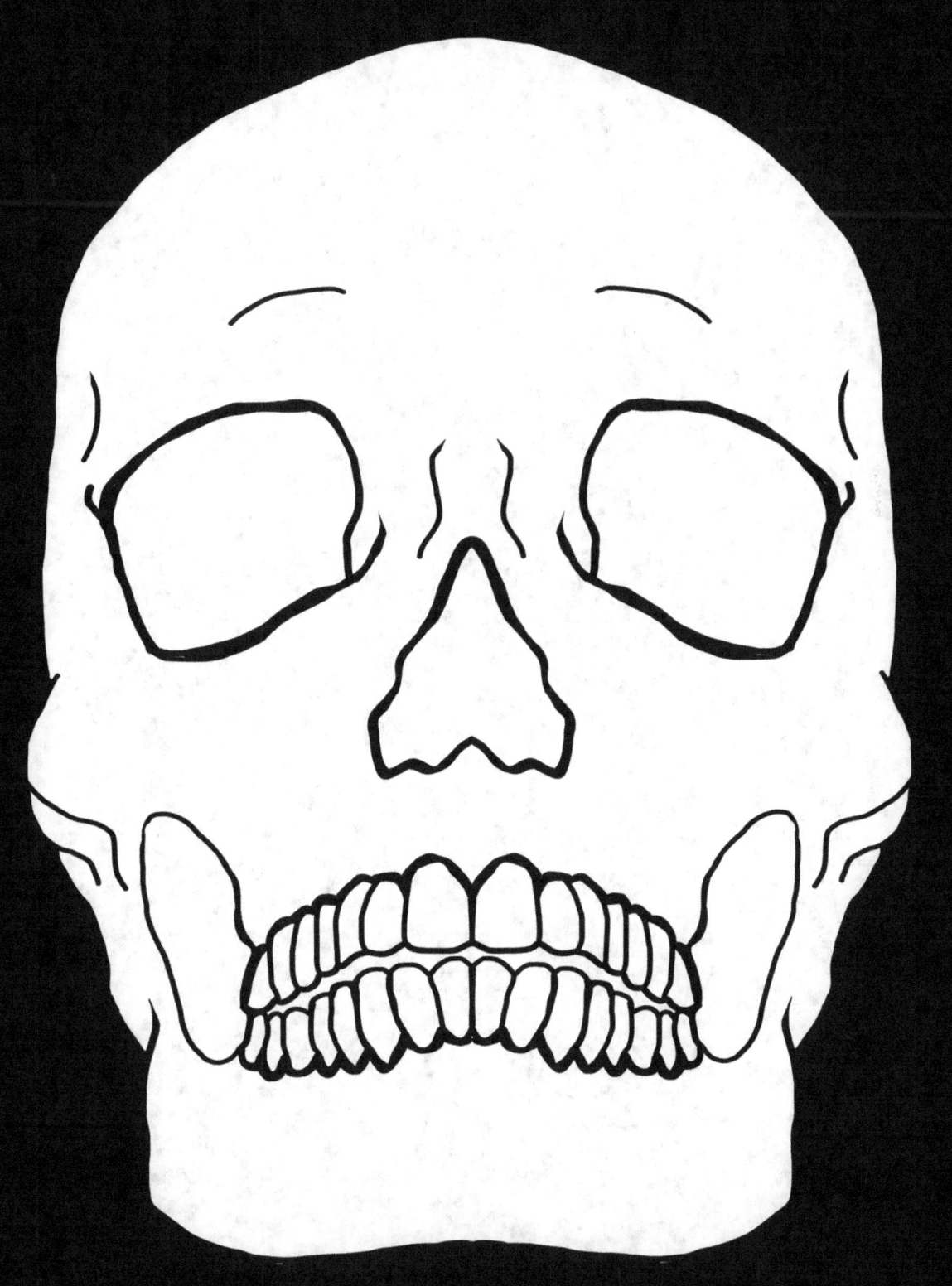

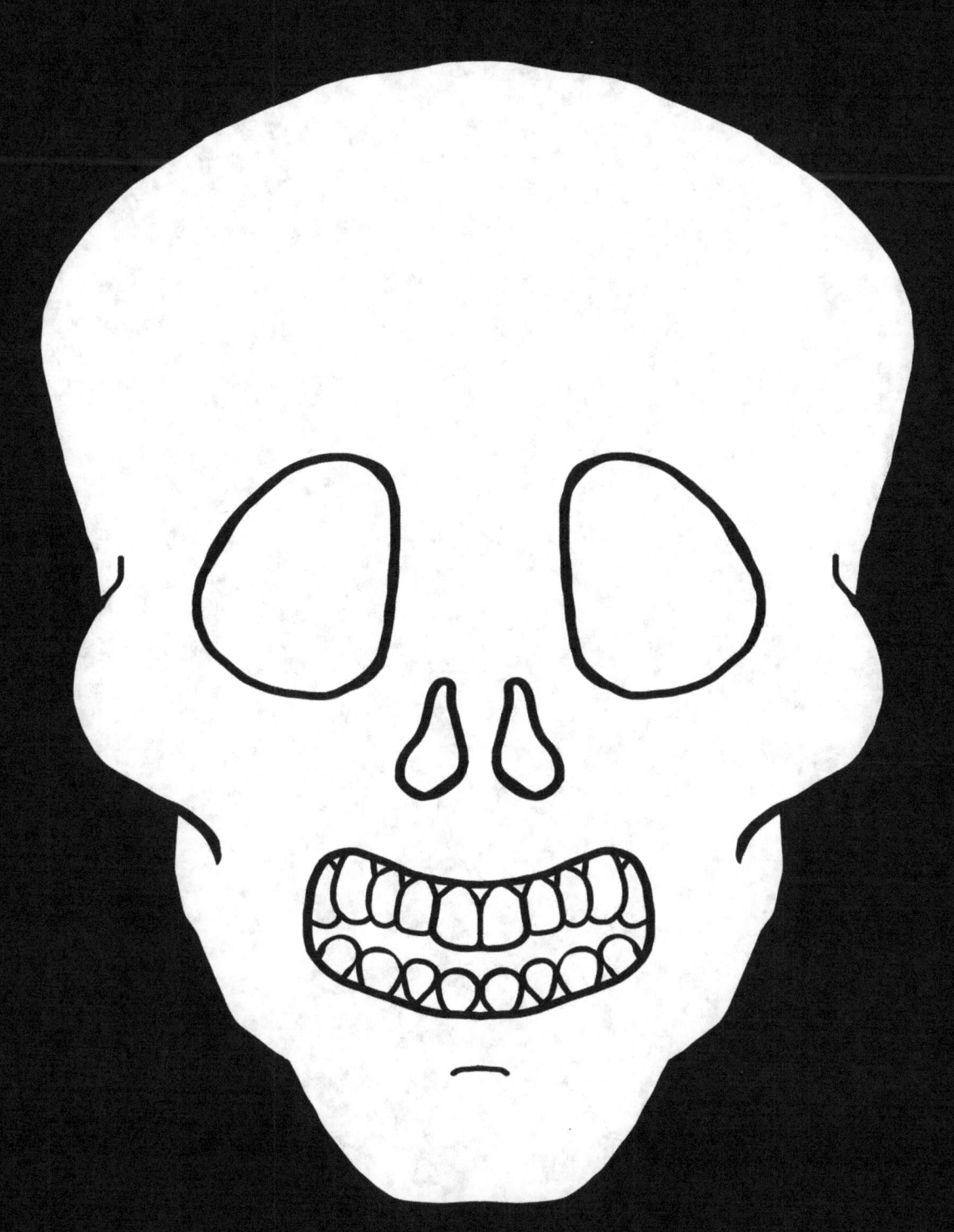

EINDE

INGEWIKKELD KLEUREN